BEI GRIN MACHT SICH IHR
WISSEN BEZAHLT

- Wir veröffentlichen Ihre Hausarbeit,
  Bachelor- und Masterarbeit

- Ihr eigenes eBook und Buch -
  weltweit in allen wichtigen Shops

- Verdienen Sie an jedem Verkauf

Jetzt bei www.GRIN.com hochladen
und kostenlos publizieren

Bibliografische Information der Deutschen Nationalbibliothek:

Die Deutsche Bibliothek verzeichnet diese Publikation in der Deutschen National-
bibliografie; detaillierte bibliografische Daten sind im Internet über http://dnb.d-
nb.de/ abrufbar.

Impressum:

Copyright © 2016 GRIN Verlag, Open Publishing GmbH
Druck und Bindung: Books on Demand GmbH, Norderstedt Germany
ISBN: 9783668424715

Dieses Buch bei GRIN:

http://www.grin.com/de/e-book/356630/gruende-konsequenzen-und-kontroversen-
in-der-scheidungsangelegenheit-von

Anonym

Gründe, Konsequenzen und Kontroversen in der Scheidungsangelegenheit von Heinrich IV. und Bertha von Turin

GRIN Verlag

Historisches Institut

Universität zu Köln

**Gründe, Konsequenzen und Kontroversen in
der Scheidungsangelegenheit von Heinrich IV. und Bertha von Turin**

Inhaltsverzeichnis

1. Einleitung

Bertha von Turin begegnet einem in Quellen und der Geschichtsschreibung meist nur im Zusammenhang mit ihrem Ehemann Heinrich IV. und dessen Plan, sich 1069 von ihr scheiden zu lassen. Die Ehe der beiden war zu diesem Zeitpunkt erst drei Jahre jung.[1] Diese Hausarbeit soll deshalb unter anderem der Frage nachgehen, warum Heinrich so schnell auf eine Scheidung bestand.

Dazu wird zunächst etwas über die Vorgeschichte erläutert, indem etwas über die Person der Bertha von Turin erklärt wird und die Umstände der Vermählung aufgeklärt werden. Anschließend wird der Scheidungsantrag mithilfe der vorliegenden Quellen nachvollzogen und im selben Zuge die Glaubwürdigkeit dieser Quellen untersucht. Zudem werden an dieser Stelle Beweggründe für die Scheidung erläutert werden. Im Anschluss wird die Ehe in den Jahren nach dem gescheiterten Antrag analysiert und der Frage nachgegangen werden, ob diese tatsächlich so unglücklich war, wie man nach so einem Vorfall vermuten könnte.

Zuletzt wird die Angelegenheit mit zwei ähnlichen zeitgleichen Vorfällen verglichen: Heinrichs Schwager Rudolf von Schwaben und ein weiterer Verwandter, Ekbert von Braunschweig, wollten sich nämlich ebenfalls von ihren Frauen scheiden lassen. Deshalb wird untersucht werden, inwieweit dies einen eventuellen Einfluss auf Heinrich hatte.

Als wichtigste aktuelle Forschungsliteratur zu diesem Thema werden zu dieser Arbeit unter anderem die Werke von CLAUDIA ZEY[2], ELKE GOEZ[3] und HANS LORENZ[4] hinzugezogen. Generell ist zu der Person der Bertha von Turin aber wenig erforscht.

---

1 GOEZ, Elke, Bertha von Turin, in: Die Kaiserinnen des Mittelalters, hg. von Amalie Fößel, Regensburg 2011, S. 149.
2 ZEY, Claudia, Frauen und Töchter der salischen Herrscher. Zum Wandel salischer Heiratspolitik in der Krise, in: Die Salier, das Reich und der Niederrhein, hg. von Tilman Struve, Köln 2008, S. 47-98 und ZEY, Claudia, „Scheidung" zu Recht? Die Trennungsabsicht Heinrichs IV. im Jahr 1069, in: Von Sachsen nach Jerusalem. Menschen und Institutionen im Wandel der Zeit. Festschrift für Wolfgang Giese zum 65. Geburtstag, hg. von Hubertus Seibert und Gertrud Thoma, München 2004, S. 163-183.
3 Siehe Fußnote 1.
4 LORENZ, Hans, Bertha und Praxedis. Die beiden Gemahlinnen Heinrichs IV., Halle-Wittenberg 1911.

Außerdem werden drei verschiedene Quellen, die es zu diesem Thema gibt, in diese Arbeit mit einfließen, nämlich die von Lampert von Hersfeld[5], Bruno von Merseburg[6] und die Annales Altahenses[7]. Außerdem existiert noch eine vierte Quelle zu diesem Thema, nämlich einen Brief vom Erzbischof Siegfried von Mainz an den Papst Alexander II., sodass die Quellenlage als recht aufschlussreich bewertet werden kann.

2. Zur Vorgeschichte

2.1 Bertha von Turin

Bertha von Turin, auch „Bertha von Susa" genannt, ist wahrscheinlich zwischen 1051 und 1054[8] als die Tochter von Otto von Savoyen und Adelheid von Turin geboren worden. Das genaue Geburtsdatum ist unklar; die Neue Deutsche Biographie datiert es aber auf den 21.09.1051.[9]

Nachdem Heinrich III. sie 1055 von seinem Italienzug mitgebracht hatte, wurde sie noch am Weihnachtsfest im selben Jahr mit dem 4-jährigen Heinrich IV. verlobt.[10] Anschließend wurde sie offenbar zusammen mit Heinrich und seinen Schwestern am salischen Königshof großgezogen, wovon mehrere gemeinsame öffentliche Auftritte Heinrichs und Berthas vor ihrer Hochzeit zeugen.[11] Auch als Heinrich nach dem Tod seines Vaters im Jahr 1062 von einer Gruppe Fürsten unter der Leitung des Erzbischofs Anno von Köln entführt wird und diese in seinem Namen regieren[12], scheint Bertha am Hof zu bleiben. Von 1066 bis 1068 wird sie oft in Urkunden an Heinrichs Seite erwähnt, danach tritt dies allerdings zurück[13], was auf eine Verschlechterung des Verhältnisses zwischen

---

5 Lampert von Hersfeld, Annales, ed. Oswald Holder-Egger (Scriptores rerum Germanicarum in usum scholarum separatim editi 38), Hannover 1894, S. 1-304.
6 Brunonis de bello Saxonico liber, ed. Wilhelm Wattenbach (Scriptores rerum Germanicarum in usum scholarum separatim editi 15), Hannover 1880.
7 Annales Altahenses Maiores, ed. Edmund von Oefele (Scriptores rerum Germanicarum in usum scholarum separatim editi 4), Hannover 1891.
8 Vgl.: GOEZ, Bertha, S. 147.
9 Vgl.: NITSCHKE, August, Art. „Bertha von Turin (von Susa), Gemahlin Heinrichs IV.", in: Neue Deutsche Biographie Bd.2, Berlin 1953, S. 150.
10 GOEZ, Bertha, S. 147.
11 ZEY, Frauen und Töchter, S. 74.
12 KÖHNLE, Nina, Heinrich IV. (1056-1106) und Bertha von Turin (†1087). Kampf an allen Fronten, in: Des Kaisers letzte Kleider. Neue Forschungen zu den organischen Funden aus den Herrschergräbern im Dom zu Speyer, hg. von Melanie Herget, München 2011, S. 178.
13 LORENZ, Bertha, S. 25-26.

den beiden deuten lässt. Generell ist zu dem Verhältnis zwischen Bertha und Heinrich vor ihrer Hochzeit nichts bekannt.[14]

Insgesamt ist sehr wenig von Bertha überliefert; außer im Zusammenhang mit der Scheidung tritt sie sehr selten auf. Sie weist wenig Eigeninitiative auf, über ihr Gefolge ist nichts bekannt und auch im berühmten Investiturstreit zwischen Heinrich IV. und dem Papst zeigt sie keine Stellung.[15] Somit ist sie das komplette Gegenteil zu ihrer Mutter Adelheid, die eine der mächtigsten Persönlichkeiten Oberitaliens darstellte.[16] Da sie aber schon in sehr jungen Jahren ihr Elternhaus verließ, konnten die Salier sie am Hofe nach ihren Vorstellungen erziehen und ihre Persönlichkeit formen.

Bertha starb am 27.12.1087 im Alter von etwa 36 Jahren.[17]

2.2 Umstände der Vermählung

Als Heinrich III. Bertha 1055 von seinem Italienzug mitbrachte, war sein Plan klar: Bertha sollte seinen Sohn heiraten und so mit ihrer Familie als Gegengewicht zu Beatrix von Canossa und deren Gemahl Gottfried dem Bärtigen aufgebracht werden, mit dem Heinrich verfeindet war.[18] Heinrich hatte nämlich zuvor Beatrix und ihr Kind gefangen genommen und Gottfried war untergetaucht, sodass ein Machtvakuum in Oberitalien entstand. Dieses Machtvakuum sollte Berthas Familie füllen, um Oberitalien für das salische Königshaus zu sichern.[19]

Heinrich hatte schon damals die Hochzeit von Berthas Eltern in die Wege geleitet, sodass man vermuten kann, dass er schon dort den Plan hegte, die späteren Kinder einmal zu verheiraten. Diese Vermutung wird durch die sehr frühe Verlobung der beiden Kinder verstärkt.[20] Auch die Eheschließung von Heinrichs III. beiden Töchtern waren reichspolitisch geplant worden.[21]

---

14 ZEY, Frauen und Töchter, S. 72.
15 Vgl.: GOEZ, Bertha, S. 155.
16 ZEY, Frauen und Töchter, S. 74.
17 NITSCHKE, Bertha, S. 150.
18 GOEZ, Bertha, S. 147.
19 Ebd., S. 148.
20 LORENZ, Bertha, S. 9.
21 ZEY, Frauen und Töchter, S. 66.

Noch vor der Hochzeit wurde Bertha im Juni 1066 in Würzburg zur Königin gekrönt und noch im selben Sommer, am 13.7.1066[22], fand die Hochzeit in Ingelheim und Tribur statt.[23] Aufgrund einer schweren Krankheit Heinrichs IV. wurde die Eheschließung wohl beschleunigt.[24]

3. Der Scheidungsantrag

3.1 Heinrichs Anfrage auf der Wormser Synode

Nur 3 Jahre später, nach Pfingsten im Jahre 1069, stellte der damals 18 jährige Heinrich auf der von ihm einberufenen Wormser Fürstenversammlung den Antrag, sich von seiner Frau scheiden lassen zu dürfen.[25]

Laut dem Geschichtsschreiber Lampert von Hersfeld[26] verhandelte Heinrich, bevor er den Antrag vor den versammelten Fürsten stellte, mit dem anwesenden Erzbischof Siegfried von Mainz. Heinrich hätte diesen um Hilfe gebeten und ihm versprochen, sich unterzuordnen und zu gehorchen; außerdem wollte er die Thüringer zwingen, zukünftig den Zehnt zu entrichten. Der Bischof habe daraufhin Heinrich seine Unterstützung zugesagt.[27] Ob diese Aussage Lamperts glaubwürdig ist, ist umstritten; in den Annales Altahenses[28] taucht diese Verhandlung zwischen Siegfried und Heinrich nicht auf und auch in einem Brief von Siegfried an den Papst versichert dieser, dass er Heinrich entschieden entgegengetreten sei und ihm mit dem Kirchenbann gedroht habe.[29] Laut GIESEBRECHT[30] ist die Aussage Lamperts glaubwürdig, denn der Erzbischof habe sich wahrscheinlich nicht getraut, sich Heinrich zum Feind zu machen und ihn direkt abzuweisen. Widersprüchlich hingegen ist, dass Heinrich nichts zur Erfüllung seines Versprechens einleitete, obwohl doch sein momentan größter Wunsch davon abhing.[31] Auf-

---

22 NITSCHKE, Bertha, S. 150.
23 GOEZ, Bertha, S. 149.
24 LORENZ, Bertha, S. 13.
25 ZEY, Scheidung, S. 163.
26 Lampert, Annales, S. 105-107.
27 Ebd.
28 Vgl.: Annales Altahenses, S. 77-78.
29 ALTHOFF, Gerd, Heinrich IV. Gestalten des Mittelalters und der Renaissance, Darmstadt 2006, S. 73.
30 LORENZ, Bertha, S. 30.
31 Ebd., S. 32.

die Frage, wie Lampert auf dieses angebliche Versprechen kam, wird an einem späteren Punkt dieser Hausarbeit noch einmal eingegangen.

Weiterhin beschreibt Lampert, wie Heinrich sein Anliegen den anderen anwesenden Fürsten erklärte.[32] Siegfried schreibt in seinem Brief an den Papst, dass Heinrich erst keinen Grund für seinen Scheidungswunsch äußern wollte und erst, als er ihm mit dem Kirchenbann drohte, einen Grund nannte.[33] Er sagte, „er könne ihr [Bertha] nichts vorwerfen, was eine Scheidung rechtfertige", „aber er sei […] nicht im Stande, die eheliche Gemeinschaft mir ihr zu vollziehen".[34] Ob aus physischen oder aus psychischen Gründen ist an dieser Stelle unklar und wird nicht weiter erläutert, da Bertha später aber Kinder gebar, wird wohl eher letzterer Grund zugetroffen haben.[35] Laut Siegfrieds Brief bestätigte Bertha dies auch[36], was in keiner anderen Quelle erwähnt wird.

Heinrich versicherte weiterhin, dass Bertha noch Jungfrau sei und er sich für beide wünschte, eine glücklichere Ehe zu finden. Die anwesenden Fürsten seien allesamt empört gewesen, aber keiner habe sich getraut, etwas gegen Heinrich zu sagen; der Erzbischof sei sogar für Heinrich eingetreten. Da man aber so zu keiner Lösung gelangen konnte, wurde die Entscheidung auf die Mainzer Synode vertagt. Bis dahin wurde Bertha ins Lorscher Kloster zum Warten geschickt.[37]

Zu der Frage, welche Gründe Heinrich dazu trieben, sich von seiner Gemahlin scheiden lassen zu wollen, gibt es in der Forschung und in den Quellen verschiedene Ansichten. Laut GIESEBRECHT[38] wurde Heinrich die Ehe von den Fürsten aufgezwungen und nun wollte er eben diese wieder auflösen. Diese Aussage ist allerdings nur auf die Quelle von Bruno von Merseburg gestützt[39], macht aber Sinn, wenn man sich das Verhältnis von Heinrich zu den Fürsten anschaut, die ihn ja entführt und in seinem Name regiert hatten, ihn also schon länger bevormundeten. Die weitere Aussage von Bruno, dass Heinrich Bertha so sehr hasste, dass er sie nach der Hochzeit nie mehr freiwillig sah[40],

---

32 Lampert, Annales, S. 105-107.
33 LORENZ, Bertha, S. 34.
34 Lampert, Annales, S. 105-107: „nullum eius crimen, quo iuste repudium mereatur, affere, sed se, incertum quo fato, quo Dei iudicio, nullam cum ea maritalis operis copiam habere", übers. nach Lampert von Hersfeld, Annalen, übers. von Adolf Schmidt, Darmstadt 1958.
35 ZEY, Scheidung, S. 170.
36 LORENZ, Bertha, S. 34.
37 Lampert, Annales, S. 105-107.
38 LORENZ, Bertha, S. 27.
39 Vgl.: Brunonis de bello Saxonico, S. 16.
40 Ebd.

scheint aber weit hergeholt zu sein, denn selbst, als er auf der Wormser Synode die Scheidung beantragte, belastete er Bertha nicht mit Anschuldigungen, sondern pries sie sogar an. Laut LORENZ[41] war Heinrich wohl einfach zu jung und die Ehe ihm zu lästig. Außerdem war das Bündnis reichspolitisch nicht mehr zwingend notwendig, da bereits ein Jahr nach der Verlobung mit dem Tod Heinrichs III. auch der Konflikt mit Gottfried dem Bärtigen entfiel, der ja einst der wichtigste Grund für die geplante Eheschließung gewesen war.[42] Die Annales Altahenses nennen als Heinrichs Beweggrund schlichtweg den, dass er sich gerne mit Kebsen vergnügte und er deshalb Bertha verstoßen wollte.[43]

3.2   Klärung der Angelegenheit auf der Frankfurter Synode

Als Heinrich schließlich auf dem Weg nach Mainz war, erfuhr er auf dem Weg, dass ein päpstlicher Legat kommen würde, der die Scheidung verhindern und den Erzbischof bestrafen solle. Heinrich wollte umgehend nach Sachsen zurückkehren, wurde aber von seinen Beratern umgestimmt, die ihm rieten, den Zorn der Fürsten nicht auf sich zu ziehen. So ging Heinrich nach Frankfurt und rief die in Mainz versammelten Fürsten zu sich.[44] Laut LORENZ[45] handelt es sich hier aber um eine Übertreibung Lamperts Schilderungen, denn Heinrich sei ohnehin schon in Frankfurt gewesen. Außerdem sollte Heinrich klar gewesen sein, dass sich der Papst in eine solch wichtige Angelegenheit einmischen würde.

Auf der Frankfurter Synode hielt dann der päpstliche Legat Petrus Damiani eine Rede, in der er Heinrich anklagte und sagte, er sei ein schlechtes Vorbild für sein Volk. Der Papst ließe ausrichten, dass er Heinrich so unter keinen Umständen zum Kaiser weihen würde. Die anwesenden Fürsten redeten nun auf Heinrich ein; diese hatten außerdem Angst, den Zorn von Berthas mächtiger Familie auf sich zu ziehen.[46] Leider ist diese Rede Damianis nur bei Lampert überliefert. Laut Lampert antwortete der König darauf: „Wenn das bei euch so unabänderlich beschlossen ist, so will ich mich selbst bezwingen

---

41   LORENZ, Bertha, S. 27.
42   GOEZ, Bertha, S. 148.
43   Annales Altahenses, S. 77.
44   Lampert, Annales, S. 108 f.
45   LORENZ, Bertha, S. 37.
46   Lampert, Annales, S. 109 f.

und, so gut ich kann, die Bürde tragen, die ich nicht abwerfen kann."[47] Anschließend sei der König nach Sachsen aufgebrochen.[48]

Betrachtet man an dieser Stelle noch ein mal Lamperts Schilderung mit dem Abkommen zwischen Heinrich und dem Erzbischof und geht der Frage nach, wie Lampert auf diese Sache kam, so muss man sich vorstellen, dass Lampert ja nichts von dem Brief von Siegfried an den Papst wusste. Für ihn trat der päpstliche Legat plötzlich auf, der in seiner Rede auch den Erzbischof tadelte und ihn mahnte, er hätte Heinrich sofort zurückweisen müssen. Für den außenstehenden Lampert mag es also so gewirkt haben, als hätte Siegfried aus irgendeinem Grund den Zorn des Papstes auf sich gezogen, sodass dieser einen Legaten sandte.[49] Generell ist die Schilderung Lamperts aber nicht die zuverlässigste, da dieser oft zu Übertreibungen neigte und Heinrich gern niedermachte[50]; leider ist sie aber in diesem Kontext die einzig ausführliche Quelle, sodass es nicht sicher einschätzbar ist. Dass Siegfried sich Heinrich aber nicht zum Feind machen wollte und ihn deshalb nicht direkt abwies, scheint wohl logisch. Wie aber bereits erwähnt, fanden von Heinrichs Seite aus keine Bemühungen statt, das angebliche Versprechen einzuhalten, sodass es sich hierbei wahrscheinlich um eine Erfindung Lamperts handelt.

Auch die Quelle von Bruno von Merseburg kann man nicht einfach so hinnehmen, denn auch dieser stellte Heinrich gerne schlecht dar, da er Partei für die Sachsen ergriff und so ein Gegner Heinrichs war. So erzählt Bruno auch, dass Heinrichs Bertha des Ehebruchs beschuldigen wollte, indem er sie durch einen seiner Gefolgsmänner verführen wollte. Bertha aber habe den Plan angeblich durschaut und Heinrich daraufhin fast totgeprügelt.[51]

Bei dem Brief von Siegfried an den Papst Alexander II. gehen einige Forschungsmeinungen sogar davon aus, dass er komplett gefälscht ist, da es viele wörtliche parallelen zwischen diesem und Lamperts Bericht gibt.[52] Allerdings wird in dem Brief erwähnt, dass Bertha die unvollzogene Ehe bestätigte[53], was so in keiner anderen Quelle steht.

---

47 Ebd. S. 110: „*Si id fixum obstinatumque est vobis, imperabo egomet mihi feramque, ut potero, onus, quod deponere non valeo*", übers. nach Lampert von Hersfeld, Annalen, übers. von Adolf Schmidt, Darmstadt 1958.
48 Ebd.
49 LORENZ, Bertha, S. 32.
50 Vgl.: Ebd., S. 37.
51 Brunonis de bello Saxonico, S. 17.
52 ZEY, Scheidung, S. 166.
53 LORENZ, Bertha, S. 35.

Hätte Bertha dies tatsächlich gesagt, so hätte Lampert es wohl sehr wahrscheinlich mit in seinen Bericht aufgenommen. Deshalb lässt sich vermuten, dass Siegfried dies erfunden hat, um den Scheidungsgrund zu verstärken und so zu begründen, warum er Heinrich nicht direkt zurückgewiesen hat. Dass Siegfried einen Brief an Alexander geschrieben hat, um sich Hilfe zu holen, ist wohl sehr wahrscheinlich, auch weil es früher schon einmal ähnliche Probleme in Mainz gegeben hatte. Der damalige Erzbischof war nämlich für die Trennung des Ehepaars Hammerstein, die nach kanonischem Recht zu nah miteinander verwandt waren, der Papst dagegen, sodass es zu einem Konflikt kam[54], den Siegfried nun wohl vermeiden wollte. Inwieweit der tatsächliche Brief aber mit dem überlieferten übereinstimmte, ist nicht sicher zu sagen.

4. Die Jahre danach: Eine unglückliche Ehe?

Nun lässt sich vermuten, dass sich eine Ehe nach einem solchen Vorfall nicht gerade bessert. So schreibt auch Lampert in seiner weiteren Berichterstattung, dass Heinrichs Hass gegen Bertha nun umso größer war und er jedes Zusammentreffen mit ihr vermied. Ein mal hätten Heinrichs Berater ihn dazu überredet, auf Bertha zuzugehen, und er sei auch erst nett zu ihr gewesen, hätte sie aber anschließend doch ignoriert und „so beschloß er, nur den königlichen Namen mit ihr zu teilen, sie aber in Zukunft so zu behandeln, als hätte er sie gar nicht".[55]

Sehr wahrscheinlich handelt es sich aber auch hier wieder um eine Erfindung oder Übertreibung Lamperts, denn tatsächlich scheint sich die Ehe gebessert zu haben. Bertha wird wieder oft in Urkunden an Heinrichs Seite erwähnt und auch feierten sie das Weihnachtsfest 1069 zusammen.[56]

Bertha gebar Heinrich wohl auch direkt ein Jahr nach dem Trennungsversuch die Tochter Adelheid, das genaue Jahr ist leider unbekannt, aber einige Indizien deuten darauf hin, sodass von einer Ignoranz seitens Heinrich nicht die Rede sein kann.[57] In schneller Folge folgten die Kinder Heinrich (1071), Agnes (1072), Konrad (1074) und einige Jah-

---

54 ZEY, Scheidung, S. 172.
55 Lampert, Annales, S. 111: „et quia consilia scindendi coniugii sepe iam temptata non processerant, statuit deinceps, communicatio cum ea solum regni nomine, sic eam habere, quasi non haberet", übers. nach Lampert von Hersfeld, Annalen, übers. von Adolf Schmidt, Darmstadt 1958.
56 Vgl.: LORENZ, Bertha, S. 42.
57 Ebd., S. 75.

re später dann der Thronfolger Heinrich V. (1086)[58], sodass man zumindest in dieser Hinsicht auf ein erfülltes Eheleben deuten kann.

Auch auf dem schwierigen Gang nach Canossa im kalten Winter 1076/77 begleitete Bertha Heinrich mit dem 3-jährigen Konrad, was von einer gefestigten Beziehung und der Treue Berthas zeugt.[59] Zusammen wurden die beiden dann auch am 31.3.1084 in Rom durch Papst Clemens III. zu Kaiserin und Kaiser gekrönt.[60] Generell war sie ab nun bei allen wichtigen Ereignissen anwesend.[61]

An dem Auftreten von Bertha generell änderte sich aber nichts; sie war und wurde keine einflussreiche Persönlichkeit, ist nie politisch hervorgetreten und hatte wohl auch keinen bedeutenden Einfluss auf Heinrich.[62]

Nach ihrem Tod führte Heinrich ihre Gebeine in das Familiengrab nach Speyer über und rechnete sie so zur salischen Dynastie[63], für die sie, als Mutter des Thronfolgers, wohl wichtiger war, als Heinrichs spätere Frau Adelheid von Kiew.

5. Vergleich mit anderen zeitgleichen Scheidungsanträgen

5.1 Ekbert von Braunschweig

Ein Jahr vor Heinrichs Bemühungen, seine Gattin loszuwerden, wollt auch Berthas Onkel, der Markgraf von Meißen Ekbert von Braunschweig, sich von Berthas Tante Irmgard von Turin scheiden lassen. Dieses Vorhaben hatte politische Gründe, denn er wollte, um die thüringischen Lehen zu erhalten, Adela von Löwen heiraten. Allerdings starb er, noch ehe das Scheidungsanliegen diskutiert werden konnte.[64] Lampert schreibt dazu, dass Ekbert den Scheidungswunsch einige Tage vor seinem Tod äußerte, „um wider Gesetz und kanonisches Recht die Witwe des Markgrafen Otto zu heiraten, weil diese

---

58 Vgl.: NITSCHKE, Bertha, S. 150.
59 LORENZ, Bertha, S. 50.
60 NITSCHKE, Bertha, S. 151.
61 Goez, Bertha, S. 150.
62 JÄSCHKE, Kurt-Ulrich, Notwendige Gefährtinnen. Königinnen der Salierzeit als Herrscherinnen und Ehefrauen im römisch-deutschen Reich des 11. und beginnenden 12 Jahrhunderts, Saarbrücken 1991, S. 143.
63 Ebd., S. 145.
64 LÜPKE, Siegfried, Die Markgrafen der Sächsischen Ostmarken in der Zeit von Gero bis zum Beginn des Investiturstreites, 940-1075, Leipzig 1937, S. 45.

schöner war und seinem verwilderten Charakter angemessener erschien".[65] Lampert bezeichnet dies als „ruchloses Vorhaben"[66].

5.2 Rudolf von Schwaben

Etwa zur gleichen Zeit, wie Heinrichs Scheidungsantrag, ereignete es sich, dass auch Herzog Rudolf von Schwaben die Ehe mit Berthas Schwester Adelheid von Turin, die er 1072 geheiratet hatte, scheiden lassen wollte.[67] 1069 beschuldigte er sie fälschlicherweise öffentlich des Ehebruchs mit Graf Werner von Habsburg. Rudolf verstieß und verließ sie daraufhin und wandte sich mit der Sache ebenfalls an Papst Alexander II. Dieser untersuchte das Anliegen gründlich und kam schließlich 1071 zu dem Entschluss, dass Adelheid unschuldig sei und Rudolf sie zurücknehmen müsse. Zwischenzeitig hatte ihr schon die Todesstrafe gedroht, doch die Bischöfe halfen ihr.[68]

Diese drei etwa zeitgleichen Scheidungsanliegen geben Grund, Vermutungen anzustellen. So vermutet zum Beispiel DAMBERGER[69], dass Ekbert direkt auf Heinrich eingewirkt und ihn zum Scheidungsversuch überredet hat, wofür es aber keine stichhaltigen Argumente gibt. GFRÖRER und VOGELER hingegen gehen sogar so weit, zu sagen, dass alle drei zusammen die zeitgleichen Scheidungen geplant hätten. Dies ist aber eher unwahrscheinlich, da es keinerlei Quellenbelege dafür gibt und Heinrich und Rudolf außerdem zerstritten waren. Allerdings kann man doch von einem gewissen Zusammenhang ausgehen, da Heinrich durch die zwei Bestrebungen seiner Verwandten sicherlich ermutigt war, seinen Belangen nachzugehen.[70] Auch die Ehen von Heinrichs Vater und Großvater waren bereits nach kanonischem Recht geprüft worden, sodass auch dies sicherlich zu Heinrichs Ermutigung beitrug.[71]

---

65 Lampert, Annales, S. 105: „contra leges ac statua canonum viduam Ottonis marchionis matrimonio sibi iungere, quod haec forma elegantior et efferatis moribus suis oportunior videretur", übers. nach Lampert von Hersfeld, Annalen, übers. von Adolf Schmidt, Darmstadt 1958.
66 Ebd.: „Sed mors oportune interveniens nefarios conatus eius intercepit", übers. nach Lampert von Hersfeld, Annalen, übers. von Adolf Schmidt, Darmstadt 1958.
67 ALTHOFF, Heinrich IV., S. 73.
68 HLAWITSCHKA, Eduard, Zur Herkunft und zu den Seitenverwandten des Gegenkönigs Rudolf von Rheinfelden – Genealogische und politisch-historische Untersuchungen, in: Salier, Adel und Reichsverfassung, hg. von Stefan Weinfurter (Die Salier und das Reich Bd. 1), Sigmaringen 1991, S. 192.
69 LORENZ, Bertha, S. 26.
70 Ebd., S. 26f.
71 ZEY, Scheidung, S. 177.

Unterschiedlich ist hingegen, dass die Ehe von Rudolf von Schwaben im Nachhinein getrübt war. Über die von Ekbert lässt sich leider nichts mehr sagen, da er verstarb, aber wahrscheinlich wäre auch diese nicht so positiv verlaufen, wie die von Bertha und Heinrich es in den Jahren nach dem Zwischenfall tat. Dies ist auf jeden Fall eine Besonderheit.

Auch ist ein Unterschied, dass zumindest der angebrachte Grund von Rudolf von Schwaben ein nachvollziehbarer war. Zwar hatte er den Ehebruch seiner Gemahlin nur erfunden, aber es war ein schwieriges Unterfangen, ihre Unschuld zu beweisen und hätte der Papst Alexander II. dies nicht getan, so wäre die Scheidung sicherlich durchgegangen, denn Ehebruch war ein gültiger Grund. Der Grund den Heinrich hingegen nannte, war kein gültiger. Auch nannte er diesen Grund erst nachdem Siegfried ihm mit dem Kirchenbann gedroht hatte. Er hatte den Verlauf wohl im Voraus nicht genau geplant, sodass er schließlich nur den Grund anbringen konnte, dass die Ehe noch nicht vollzogen sei. Dies allein war aber nach damaligen Recht kein Grund für eine Auflösung der Ehe. Eine Scheidung hätte in diesem Fall nur stattfinden können, wen einer der beiden Ehepartner unfruchtbar gewesen wäre, was so aber nicht nachweisbar war.

6. Fazit

Zusammenfassend lässt sich also sagen, dass dieser spezielle Scheidungsfall zwischen Bertha von Turin und Heinrich IV. ein ganz besonderer war. Auch vorher hatte es schon einige ähnliche Fälle gegeben; Scheidungsanträge wurden in den allermeisten Fällen von der Kirche abgelehnt, aber nie resultierte daraus eine doch so erfüllte Ehe, wie die von Heinrich und Bertha. In Heinrichs Leben war die gescheiterte Scheidungsfrage die erste Niederlage gegen die päpstliche Gewalt, von denen er im Zuge des Investiturstreits später wohl noch viele weitere erfahren sollte.

Als Heinrich den Antrag stellte, war die Problematik offensichtlich: Eine unvollzogene Ehe bedeutete keine Nachkommen, keinen Thronfolger und somit das Ende der Dynastie der Salier.[72] Vielleicht auch deshalb wies der Erzbischof Siegfried Heinrich nicht direkt ab. Auch wenn die Geschichte mit der Abmachung zwischen den beiden nicht sicher einzuschätzen ist, so macht es doch Sinn, dass Siegfried Heinrich nicht direkt sein Anliegen absagte, sondern die Entscheidung vertagte und Rat von Papst Alexander II. holte, da er Heinrichs Zorn nicht auf sich ziehen wollte und es schon Jahre zuvor Auseinandersetzungen zwischen dem damaligen Erzbischof und dem Papst wegen einer ähnlichen Angelegenheit gegeben hatte.

Auch wenn die Quellenlage zu der Thematik als eine für das Mittelalter recht zufriedenstellende bewertet werden kann, so ist es trotzdem schwierig, auszumachen, wie der Verlauf auf und zwischen den Synoden und das Verhältnis von Bertha und Heinrich danach genau war. Die ausführlichste Quelle von allen, nämlich die von Lampert von Hersfeld, muss man mit Vorsicht genießen, da dieser gern seine Erzählungen verfälschte. Die Quelle von Bruno von Merseburg ist zweifellos voller Verfälschungen, da dieser pro sächsisch war und ein entschiedener Gegner Heinrichs. Die Annales Altahenses sind nicht ausführlich genug, sie erwähnen die Wormser Synode nicht einmal. Bei dem Brief von Siegfried an Alexander II. hingegen ist noch nicht mal sicher, ob dieser überhaupt echt ist und wenn ja, dann wird auch hier Siegfried einiges verfälscht haben, um sein Verhalten vor dem Papst zu rechtfertigen. Wie bei den allermeisten Angelegenheiten im Mittelalter gibt es auch hier natürlich keine Sicht von Bertha auf die Dinge. Laut Lampert scheint es wohl so, als sei die Scheidungsfrage in beiderseitigem Interesse aufge-

---

72 Zey, Scheidung, S. 171.

kommen und in Siegfrieds Brief wird sogar erwähnt, dass sie die unvollzogene Ehe bestätigte, aber sicher lässt sich natürlich nicht sagen, wie sie über die Sache dachte.

Schaut man sich die Gründe an, die Heinrich wohl dazu trieben, den Scheidungswunsch zu äußern, so ist es durchaus vorstellbar, dass die beiden Scheidungsversuche seiner Verwandten Ekbert von Braunschweig und Rudolf von Schwaben Heinrichs Vorhaben förderten. Einen richtig nachvollziehbaren Grund führt Heinrich nämlich nicht an, sodass man davon ausgehen kann, dass ihm die Ehe in seinen jungen Jahren schlichtweg zu lästig war und er sich lieber mit Kebsweibern umher trieb. Wahrscheinlich machte er sich noch keine Sorgen um einen späteren Thronfolger. So könnte man nachvollziehen, dass Heinrich in seinem jugendlichen Leichtsinn durch die Vorbilder seiner Verwandten angespornt wurde und es ihnen gleichtun wollte. Auch wird dieser Gedanke dadurch unterstützt, dass er, im Gegensatz zu Ekbert und Rudolf, nichts persönlich gegen Bertha einzuwenden zu haben schien. So pries er sie zum Beispiel auf der Wormser Synode an und auch im Nachgang schien er immer nett zu ihr gewesen zu sein. Auch nach ihrem Tod ehrte er sie durch viele Gedenken und stellte Urkunden für ihr Seelenheil aus.[73]

Alles in allem kann man den Fall von den beiden als einen wirklich besonderen betiteln.

---

73 LORENZ, Bertha, S. 57.

7. Literaturverzeichnis

7.1 Quellen

Annales Altahenses Maiores, ed. Edmund von Oefele (Scriptores rerum Germanicarum in usum scholarum separatim editi 4), Hannover 1891.

Brunonis de bello Saxonico liber, ed. Wilhelm Wattenbach (Scriptores rerum Germanicarum in usum scholarum separatim editi 15), Hannover 1880.

Bruno Merseburgensis, Brunonis Saxonicum Bellum, in: Quellen zur Geschichte Kaiser Heinrichs IV., übers. von Franz-Josef Schmale (Ausgewählte Quellen zur deutschen Geschichte des Mittelalters. Freiherr von Stein Gedächtnisausgabe, Bd. 12), Darmstadt 1963, S. 192-405.

Die größeren Jahrbücher von Altaich, übers. von Ludwig Weiland nach der Ausgabe der Monumenta Germaniae (Geschichte der deutschen Vorzeit. 2. Gesamtausgabe, Bd. 46), Leipzig 1893.

Lampert von Hersfeld, Annales, ed. Oswald Holder-Egger (Scriptores rerum Germanicarum in usum scholarum separatim editi 38), Hannover 1894, S. 1-304.

Lampert von Hersfeld, Annalen, übers. von Adolf Schmidt, Darmstadt 1958.

7.2 Wissenschaftliche Literatur

ALTHOFF, Gerd, Heinrich IV. Gestalten des Mittelalters und der Renaissance, Darmstadt 2006.

GOEZ, Elke, Bertha von Turin, in: Die Kaiserinnen des Mittelalters, hg. von Amalie Fößel, Regensburg 2011, S. 147-160.

HLAWITSCHKA, Eduard, Zur Herkunft und zu den Seitenverwandten des Gegenkönigs Rudolf von Rheinfelden – Genealogische und politisch-historische Untersuchungen, in: Salier, Adel und Reichsverfassung, hg. von Stefan Weinfurter (Die Salier und das Reich Bd. 1), Sigmaringen 1991.

JÄSCHKE, Kurt-Ulrich, Notwendige Gefährtinnen. Königinnen der Salierzeit als Herrscherinnen und Ehefrauen im römisch-deutschen Reich des 11. und beginnenden 12 Jahrhunderts, Saarbrücken 1991.

KÜHNLE, Nina, Heinrich IV. (1056-1106) und Bertha von Turin (†1087). Kampf an allen Fronten, in: Des Kaisers letzte Kleider. Neue Forschungen zu den organischen Funden aus den Herrschergräbern im Dom zu Speyer, hg. von Melanie Herget, München 2011, S. 178-179.

LORENZ, Hans, Bertha und Praxedis. Die beiden Gemahlinnen Heinrichs IV., Halle-Wittenberg 1911.

LÜPKE, Siegfried, Die Markgrafen der Sächsischen Ostmarken in der Zeit von Gero bis zum Beginn des Investiturstreites, 940-1075, Leipzig 1937.

NITSCHKE, August, Art. „Bertha von Turin (von Susa), Gemahlin Heinrichs IV.“, in: Neue Deutsche Biographie Bd. 2, Berlin 1953, S. 150-151.

ZEY, Claudia, Frauen und Töchter der salischen Herrscher. Zum Wandel salischer Heiratspolitik in der Krise, in: Die Salier, das Reich und der Niederrhein, hg. von Tilman Struve, Köln 2008, S. 47-98.

ZEY, Claudia, „Scheidung“ zu Recht? Die Trennungsabsicht Heinrichs IV. im Jahr 1069, in: Von Sachsen nach Jerusalem. Menschen und Institutionen im Wandel der Zeit. Festschrift für Wolfgang Giese zum 65. Geburtstag, hg. von Hubertus Seibert und Gertrud Thoma, München 2004, S. 163-183.